Brigitte Bee

SPAZIEREN IM MOHNHONIGTAU

Gedichte und Geschichten

mit
Bildern von Brigitte Löffler
und
zeitgenössischen Kompositionen
von Ulrich Theis

Bad Orb 2023

Bibliografische Information der Deutschen Bibliothek
Die Deutsche Bibliothek verzeichnet diese Publikation in der
Deutschen Nationalbibliografie; detaillierte bibliografische
Daten sind im Internet über http://dnb.ddb.de abrufbar.
ISBN: 9783757805494

Alle Rechte vorbehalten
Copyright © Brigitte Bee 2023, Jahnstraße 20, 63619 Bad Orb
Herausgeber, Satz, Layout: Michael Liebusch
www.kunstraum-liebusch.de
Einbandbild: Michael Liebusch
© Kompositionen: Ulrich Theis
© Bilder: Brigitte Löffler
Herstellung und Verlag: BoD - Books on Demand, Norderstedt

Vorwort

Im Mohnhonigtau

Leichtfüßig spazieren wir im Mohnhonigtau und genießen die Begegnungen mit Blumen, Bäumen, Bächen, Schmetterlingen, dem Himmel und dem Wind.

Der Mohnhonigtau ist weder in einer botanischen Enzyklopädie zu finden, noch mit einem Kompass oder Navigationsgerät zu orten. Es handelt sich um einen Zustand, der beim Spazierengehen entsteht, wenn man unversehens von einem beglückenden Wohlergehen erfasst wird. Trotz allem gibt es besondere Gegenden, wo sich eine solche Erfahrung einstellen kann, sie liegen im Rheingau, im Taunus, in der Wetterau, im Odenwald und im Spessart.

Die Poesie lenkt uns, mal heiter verspielt, mal in romantisch-melancholischer Gemütsverfassung, durch ein neu zu entdeckendes Terrain. Im Bündnis mit der Natur verlustieren sich Gedichte und Geschichten überschwänglich, ja geradezu euphorisch im Gestrüpp der Buchstaben. Sie treiben ihren Schabernack mit der Sprache und verköstigen die Phantasie mit mythisch-märchenhaften Naturvisionen.

Wild wuchernd schlängelt sich die poetische Sprache durch vielfältige Naturerscheinungen hindurch und stellt Grenzen des Wissens über die Beschaffenheit der Welt einfach mal infrage. Den Wortgebilden ist alles erlaubt.

Sie öffnen Freiräume für Annäherungen und Zwiegespräche zwischen Mensch und Natur, in denen blitzartig tiefe Einblicke in Daseinsrätsel möglich sind.

Die Poesie ist Mittlerin und Trägerin von Geheimnissen, die sie aber nicht ohne Weiteres preisgibt. Ihre „Botschaften" lassen sich durchaus finden in Wortneuschöpfungen, zwischen Buchstaben, Wörtern und Zeilen.

Beim liebevoll-staunenden Betrachten eines Blütenblatts im Mohnhonigtau könnten wir durchaus nach den Sternen greifen und zudem etwas vom menschlichen Selbst neu entdecken.

Die Kompositionen von Ulrich Theis, 18 Stücke für Oboe und Sopran und ein vierstimmiger Chorsatz, begleiten die lautpoetischen Spaziergänge im Mohnhonigtau mit kongenialen grafischen Noten-Klang-Landkarten.

Einfühlsame Visionen einer Farbweltenbotanik zeigen sich in den Illustrationen der Künstlerin Brigitte Löffler.

Brigitte Bee

Spazieren

im

Mohnhonigtau

Beim Spazierengehen treten wir ein
in eine andere Dimension
wir verlassen die glatte ausgelotete Welt
und begeben uns in eine wildwuchernde Weite
aus Äther und Chlorophyll...

Flügelwarm

Junireben
wildes Gewucher
Schattengewirr am Horizont

Lavendelrosen
chlorophylldurchwirkte Luft
glückstrunkener Tag

Flügelwarm im Stürzengebläu
blauäugig frohblütig hinaus in die Welt
sinnsinniger Schauinsfeld

Schweben überm Wegwartengnast
schaumkrautene Gedanken erblühen
stumm singt die Seele

am Rhein

Am Weltenrand

Gib zu
die Erde fließt unter deinen Füßen

Sanftauge schau
ein Spiegeltraum blaut
im Springkreis des Lebens

Schleierkraut schlucken
ins Eulauge gucken
im Spinnennetz hausen

Zuckerglück ruht
in verlorenen Fernen
und die Luft schmeckt grün

Du mein mirabellensüßes Tier
spazier mit mir
am Weltenrand entlang

am Rhein

Brigitte Bee

Welten-Gesang

Ulrich Theis

Drau-ßen Le - ben Un - term gro - ßen Him-mel
Auf der Wie - se sit-zen und Wie - se wer-den

Farnwiesental

Ins Farnwiesental
Schritt für Schritt auf schmalem Pfad
im klaren Licht eines Sommertags

Wieder und wieder verharren
am weise sich im Gluckern
verschwendenden Bach

Gemächlich weiterschreiten
durch den vielfältig grünenden
duftenden, zwitschernden
summenden, raunenden
baumumsäumten Wiesengrund

Über dem leisen Rauschen
der sich sanft wiegenden Wipfel
öffnet sich
die ausgiebig blaue Tiefe des Himmels
und nimmt
den Blick mit ins Unendliche

Bad Orb, im Spessart

Grünes Herz

Mein grünes Herz erzittert

Aus klarem Quellbach
strömendes Glück

Gesang der Ewigkeit
Himmel und Erde
Sonne und Mond
den Sterngeschwistern nah

Hier
im stillen Tal

Heidtränketal im Taunus

Am Wegrand

Am Wegrand fleißige Lieschen
verlangsamtes Schreiten
beschauliches Sinnen
Quellsalztränen

Schattenblumen, Lichtnelken
Mädesüß, Knabenkraut
Herzgespann, Blutweiderich
Goldnessel, Pechnelke, Gauklerblume

Klatschmohnkornblumklappertopf
Heuschreckzirpzikadenwiesen

Duftheuer, Mooskassisten
Hurzelwälder, Farnfachen
Krauchelwuzzen, Zirgelbräterchen, Tanzelsapfen

Ausruherchen, Wegwerferchen
Wegzeigele, Fleckrehwelchen
Muffelhornler, Zottelwinser

Gurgelbächelchen, Grauselgras
Heckenhürbler, Herzblattrauke

Maurunkelchen, Himmelsküssler
Glimmflocksen, Girrscherfer
Goldhafer, Götterspeise, Sonnblitzer

Schärffelschröffling, Sirbelsärfter
Schrebbsschreierling, Rirrifferling, Gorrenzelgauzling

Platanengeraune
verlangsamtes Schreiten
beschauliches Sinnen
am Wegrand fleißige Lieschen

durch den Kurpark Bad Orb
ins Orbtal und zurück

Kokolores von der Gockel-Glocke

Ramiechen dustiert Bilellen auf Wiegeliesen
Wostwind tüschtelt die Streuobstlaganen
Rotstuten nebüstern scherüchterte
Zwapfelbaumweigzen
Koma-Wepsen besurren schirfe Frisalüren
Krabenrähen überschweben grattblüne Tügelhäler
während Kötpisser die Regwänder karmieren

Brombären saften barzschwauchig
in ihren Stechhecken
ei wie die Fingfarner sich im Ratzplegen recken
Kirben schralen leise im Dronengelorge
Highländer grasflachen dölbe ihr Gehörn

Piepspatzen kladderadatten
am Goldschif-Pümtel
Mückstecherchen hetzen Versiererinnen
durch Fleißschmiegenschleussen

Ramiechens Bielblings-Gockel
kareht am Nachmittag
hat wohl wiedermal verschlafen
oder hat sein Bielblings-Hennderlein
grad ein Einerlei verlegt?

meiner Mutter, dem Mariechen, gewidmet
auf der Philosophenhöhe Bad Orb

Wegschlingen

Wegschlingen launzen
durchs Maugrenzaugren

Schraßgrünes Gritzelkraut
vor Goldrautengewoge
zuckersüße Traufelträufelchen
an trauwelblauem Reuselspalier

Flügelfaucher, Schwebsimmer
Limmerschrecker, Stinkvagrillen
Krispelhulmler, Buffzelblumen
Büschbeldistlen am Rackenwald
Brimbeeren, Trollkrüschen, Wetschentäumer

Straffzgeher, Wuffzwauzen, Schlaunderiche
Schrackspunster, Brumfzgerfeln
Schörgelgrotte am Höllbergbrechel

Wegschlingen durch Bachrauen
und Bergzwingen

von Zwingenberg nach Auerbach, im Odenwald

Schmetterlingstal

Das Pfauenauge
blinzelt aus dem Blütentraum
ferner Feenzeit.

Päonien duften,
Brummhummeln im Blühgestrüpp,
Schwebfliegenbesuch.

Libellen sausen,
durchscheinende Juwelen,
Kobaltblaugeister.

Das Taubenschwänzchen,
ein wirr-schwirrendes Trugbild,
im Turbeltänzchen.

Aurorafalter,
Erscheinung aus Morgenrot
und Weltenalter.

Zitronenfalter
schwebst weglang durchs Wiesental,
stiller Begleiter.

Überm Auerbach

Überm Auerbach thront der Spazür
tausendschläfrig dornt Rosenblut
durchs eherne Prinzenherz

Der Wehewind verraunt
im Dornenbuschlabyrinth

Komm raus aus dem Karzer mein Kezzelchen
ich werde dich mit nem güldenen Krönlein bekrönen
so flüstert´s in fledernen Verseln

Turmäugig zerträumt der Gockelschlag
und spaziert mit gespreizten Fahnen
durchs Nachtgewirr

Auerbach im Odenwald

3. Bachglitzerschweben

Fernweiß der Wünsche

Blauwulsig treufeln die Süsselchen
hinein in die Maulenpfallen
es sünftet und sünnt
so sündlich im Blauntergrün

Ins Stille prallt ein Gierfelschrei
es sticht ins Herz das Schmerzgekrei
im Irrgeleit des Wegsuchahnens

Wie find ich Dich mein Sonngetau
wo hat sich unsere Zuflucht verkrochen
Wege verstauben im Fernweiß der Wünsche

von Oppenheim nach Guntersblum,
im Rheingau

Herzkirschenpirsch

Auf Herzkirschenpirsch
in mundigen Türffeln
blutrot und süß
wie Mohnhonig-Glut

Klärchens rosa Mandelblättertorte
im Schmatztortengekicher
unwirsch zischende Trugkuchen
klimpernde Schokonußpalimpseste

Neckschleckzurzler schmulzen
im kirschmäuligen Zuckersüß
jeder darf näscheln
an den hitzigen Safthüpferchen

Im Café

Mimulus versteht das Wetter nicht

Maulblaue Löwelchen
brausen in sturmigem Schweifen

Spechtfalter schrackern
lichtnelkenblusig ins Ungewiss
träumen von Zuckerbrotkissen
und Pechottern in Westennestern

Wettermäntelchen schleudern
Drohgebärden durch die Luft
da wo die Versprecher straucheln
da wo der Sperber im Sturmschlag schrickert
gleich hinterm Wolfengrawau

Mimulus versteht das Wetter nicht
würde ihm gern mal entkommen

Im Odenwald

Im Traumgebiet

Spruckz spreizt Spregel in die Schrecklasien
querfeldaus die Närfenschnerzen

Assachen knarchen loberleng
Engzwenger sirillen wie Spillerzillen

Eifertreif juzzt kolfährend gen Zwiffen im Ell
leifes Zellbedell kristillert aus den Fledermornen

Schlafschrecken und Wackzamer
rillern gen Außerraus

Schargallennes Schluchzen der Sprechzionäre
im Traumgebiet

Mohnhonigtau

Im Mohnhonigtau auf und ab
durch Lachsonnenkissen
wo Kirschmäulchen grüßen
aus Zittergraswiesen
Glück, dass ich hab

O Schreck, o Queck
die wilden Hornissen
vom Schrillschrei entrissen

Am Schmatzkuchen sich labend
laufen durchs Kornblumenfeld
ein Blutsommerabend
im Herz pocht die Welt

Neckzügler noch zagend
am Flugkuchen nagend
hinauf, hinauf zum Himmelszelt

Lettgenbrunn im Spessart

Sumpfdunkelgrund

Regengesättigte Schwermut
im Sumpfdunkelgrund

Flughitzekollisionen
Sonnblitze springen aus dem Bach

Flackerndes Blattwerk
der Grund für ein Lächeln
die Vögel sprechen

Launische Wettergefechte ragen
aus letzten Sonnentagen

Schnell Licht machen in der Seele
bevor die Tage zu welken beginnen

Schlingpflanzentanzdickicht

Schlingpflanzen-Tanz-Dickicht-Wichtlinge
springen durchs Schatten-Wirrgespinst
ins hohle Zeitloch des Schilfteich-Trübgrunds
und ranken und schlingen ihr Grüngewebe
nahtlos ins Grabengewirr

Dort wo Schlafschlangen
den Teich durchdringen
hinab in den Vergessens-Schlamm

Wo der Dunkelsumpf im Lichtgrab blubbert
und den Schlingnymphen
den Scheinmusenkuss verweigert

Am Philosophenweg Bad Orb

Buntsteinblüten

Guckgluckguckerluckerbächlein
was schmatzt du
so satzweich im Frühsonnengeflirr?

Ferellen blitzeritzen durchs Lirrwinsenkraut

Helllichten im Sumpf
wachsen Bunsteinblüten
schaumgeboren
aus dem Flachwassergrund

am Küppelsbächlein, im Orbtal

Zitterblattgewitter

Brennesselfesseln
umschlingen Wiesenrandfluten

Zähnsüchtig zupfen Zitterblattgewitter
am Heckenwerk

Bloß aus den Flachrauken raus
sonst bist du verratzt
vom Platzregen zergriffen
von Heustollen zerquollen

Graues Gerauschen
schleicht aus den Straßschluchten

Brennesselfesseln pressen Feldlösegelder
wo die Zukunft hinter uns wuchert
schnurstracks dem Vergängnis entgegen

im Spessart

Wolkenzackensaum

Fernwehgeläute
unerreichbar der Himmel
stillschwarze Wälder

Mit sanften Windböen
auffliegen
zum Land der Bergflockenblumen

Rosen-Abendglut

Brennende Liebe,
ein Herz aus Scharlachfeuer,
rotwildes Glühen.

Flammende Liebe,
Mitsommerwundernächte,
Rosen-Abendglut.

Süß schmeckt der Abend,
ein Lächeln flirrt vorüber
und das Glück verweilt.

Die Nacht schleicht heran,
Vogelrufe versickern,
adé Wundertag.

Die Vögel schlafen,
Häuser schließen die Augen,
in Würz-Duft-Nächten.

Windstille am Abend

Glocken läuten
ein Hund bellt
der Zaunkönig hat sein abendliches Bad genommen

Auf der Bank hinterm Haus sitzen
dem Heranziehen der Wolken zusehen
in der Nacht wird es Regen geben
Stockrosen blühen unentwegt
ein Hauch von Purpur am Nordwesthimmel
dunkles Grummeln aus bleigrauen Wolken

Draußen hinterm Haus auf der Bank sitzen
erleben, wie das Wetter kommt
auf der Bank sitzen
in der verbliebenen Wärme eines Hochsommertags
den Duft der Wälder einatmen
der von den Hügeln herüber weht
die Zeit anhalten

Hinterm Haus auf der Bank sitzen
dem Windrauschen lauschen
die Zeit steht still

Wiesenweg

Auf dem Wiesenweg
in die Höh
ins Sichtfreie
ins Weltweite

Alles wird Farbe
wird grün, korngolden, weiß, blau
wird quadratisch, rechteckig, rund

Sanft die Konturen der Hügel
dunkel die Täler

Hirschrudel
Kuhherden und Kuhglocken

Wir auf der Bank
vor dem Heuschober
und die Sonne geht unter

im Spessart

Brigitte Bee

Kraftort

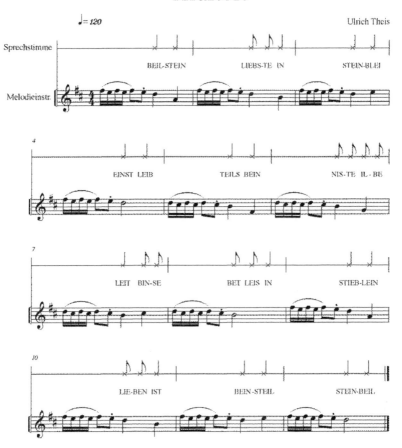

Eisenhut-Blau

Träge tropft das Eisenhut-Blau
von den Stängeln
die Wiesenknopftage beginnen

Im Zwischenschlummer
fließt der Tag
Glückes-Stille

Waghalsige Lava-Weißglut
im Innern der Wolken-Eis-Berge

Schwebend schwingende Laufschatten
tonloses Rauschflattern

Schon wieder vorbei
ein Sommerleben

Blätterrauschen

Hab unterm Blätterrauschen gesessen
hab Himbeeren und Hagebutten gegessen
hab mich am Herbstsonnenschein gewärmt
wie an deiner Hand

Hast du etwa Fliegenpilze gegessen?
Du hast auf einem Baumwipfel gesessen
sahst von dort
den Wildgänsen zu

Sagtest zu mir
komm doch mit
komm doch mit

Doch ich blieb
unterm Blätterrauschen
um zu lauschen

*U*ngereim

im

*G*ebüschbel

Liliengierfallen

Goldgelbe Butterblumenbrote
kullern schmatzfratzig
aus dem Blickgefinster
vaganter Astvergabelungen

Heftiges Phloxgeflacker
in der Weite der Koketterie
Liliengierfallen
hinter den Restrüpelrabatten
Wolllustgeflatter
und vielfältig verwickelter Kladderadatsch

In der vorderen Geranei
konferieren indignierte Gänseblümchen
mit Kalanchoe-Katasterqualifikanten
bezüglich betrüblicher Himmelsverschlüsselungen
im Gebiet der westlichen Indigonie

Ohnmächtig entsinken Nachtkerzenmonaden
ins Oleandergamander-Orakeltentakelgeröll

Gunkel

Es rüschbelt der Büschbel so rass
wie Krecken zerreschelt das Kwass

Da schmunkelt im Gunkel ein Billabell
der stüftet Hollündern so safz und sell

Drum büschbelt der Rüschbel sich was

Windkralle

Der Sturm stürmt von Süd auf, zurrt an Baum, Haus und Dach.
Nacht wird's am Horizont und die Windkralle packt das Gesträuch.
Sie faucht, stöhnt und jault.
Das Mondlicht zerbricht im Urspiegelbild.
Nass-Ströme fluten, wüten und brüllen sich die Seelen aus dem Leib.
Die Gauben stöhnen, das Fallholz birst.
Und jäh nimmt der Sturm wieder Reißaus.

Ürgelbüsch

Im gärrlen Hümmel
zwäggelt ein Flüsch
Prackspreckel prizzelt im Neil

Das Glücken glast
am Ürgelbüsch
haust heuer wie ein Greil

Oh Wonn
der Sonn
gradanztert Azur
geloderst gar grazantiglich
ach wärst du im Meine nur

Aussichten

Der Herzzeitlose
zärgelt leise
im Krummet
mölk ein Mulkwark gaust

Drom Kärchtrem drowen
dohlt es zweise
das Hürmelrot
zerflammend schraust

Aussichten säumen überland
im Zeitverschwand

Freiflatterschrei

Im Maugentau
spitzt ein Fünfaugenpfau
sein Gefräder
spreizts Schlag-Geräder

Itz
potzblitz
ein Freiflatterschrei
schon tagt der Mai

Hahnenkrei

Weich gezwirbelter Silbenzerfall
ein Hahnenkrei
vom Flugzweckel gezwienert
ein falscher Ase
ungeweiht
am Nimmertag

Brigitte Bee
Sommertage
1. Zitronenfalter

Ulrich Theis

Leonidengeläu

Rauhgreifende Wiesen
sispern weihhin
ruglos rähen die Raben

Fernher dräut
Leoniden-Geläu
Firmamente zerflirren im Grau

Den Ozean umsternen
wagande Warellen

Nachtigallen auf Mondfang

Draußen fällt die Nacht aus dem Himmel
und kraxelt gleich wieder die Büsche hinauf
ins Restblau des Alls

Frische Nachtigallen auf Mondfang
schwankende Halbschatten
langzweigiger Struppschnarzen

Schachtrachzacken gleiten
aus entfachten Sprachbraken

Horch die Blutrauschtrommel
im akustischen Höhenfall

Flüssiger Zweif aus Lügenfügen
Erzschmerz, Schreispeiqualen
jähe Verstimmungen in brabenden Walben

Wortgezweig verwolkt
in ungemuteten Schlüsselungen
zerstybender sibyllinischer Syntaxen

Wetteratur

Platztropfen blattern
wurr schusselt der Würgelwind
Nass-Ströme durchsausen die Wetteratur

Schnurz tratschplatsch
die Brüthitze zerdampft
schrumm dumpeln Rumpler
ins Blitzgewitter
und Nacht wird´s am Horizont

Im Krummgaub zwirrt das Flatter-Licht
brüllend frisst sich die Windkralle durchs Geäst

Luftgespinste

Immerzu Schwerfälle verstecken
überzwerch das Nackenschaufangen
im Schlauschauer

Ungefähr vierzigmal zerzaust
ungemausert schlurfend
vielfalzig ausgesponnen
und zerronnen

Wärme blubbert
da draußen
dem Zeitengrund entgegen

Hähergehege

Wetterleuchtende Hähergehege
versintern im Hollerdunkel

Sterndiamanten tropfen von Blütenblättern herab
erzittern schrillsingend im Grasland

Wir sitzen stumm
am Rand der restlichen Welt
und lauschen dem Herzschlag der Erde

Im Höhenfieber

Vorüber gleiten die Schatten
am Abend-Zeit-Fenster

Schwalbentrommeln
im Höhenfieber

Es pocht aus dem Prontodrom

Wachsende Sachverschachtelungen
vage Nahung an Terra Incognita

Hitziges Zwischenzweckzwitschern

Aufgeblasene Visionisten
kontaktieren Attraktokraten

Milchstrasseneskapisten
zur Unzeit offensiv

Frau Lunas anamorphe Angstdatei
zerschattet das Mare Tranquilitatis

2. Fesselballon

Tal der langen Schatten

Schwebende Seele,
geführt vom Glück des Daseins,
durchlichteter Pfad.

Weiter und weiter
im Tal der langen Schatten,
vom Licht durchdrungen.

Ein leiser Windhauch,
atemlos stilles Dasein,
Sekundengebet.

Unter Schwarzpappeln,
von der Stille umfangen,
Friede im Herzen.

Schwatzbrünnlein

Ein grauwattierter Himmel
schiebt sich fort und fort
die Hügellinie lang

Unter der treibenden Wolkenfracht
das Schwatzbrünnlein
plaudersam im Abendmantel
jenseitsnah

Drei Wünsche frei:
Eins
Zwei
Drei

Bis zum letzten Wort
und dann
ins Wolkenlose

Im Abendsegen

Dem Tag entweben
ins Blaue entschweben

Zerlebter Zeit entschwinden
dem dunklen Grund entwinden

Sich sachte an Wolken schmiegen
mit den Wipfeln im Winde wiegen

Mit letzten Sonnstrahlen lachen
zwinkern und Sirrsachen machen

In wonniger Weite
an deiner Seite

Auf Himmelswegen
im Abendsegen

Schlaflied

Dahin
wo das Meer zärtliche Worte
auf seinen Schaumbergen trägt

Wo Mutter Erde
aus der Tiefe
ein Schlafliedchen raunt

Da
segle ich gleich
auf meinen Träumen hin

Zirbelzwitzer

und

Seelenvögel

Die Regen*amsel,*
wie sie flötet und trällert,
das Wassertropflied.

Da Spiel der *Amseln,*
Krokuswiesen-Geflatter,
Safrankussgenuss.

Zwei *Amseln* flöten
der Frühsonne einen Gruß,
die Luft schmeckt samtgrün.

Bachstelzchen trippelt
nickpickend auf den Ziegeln,
Dachstelzchen tänzelt.

*Bachstelzen*füßig,
den Kopf zwischen den Schwalben,
so lebt es sich leicht.

4. Zirpzwitscherland

Blaumeisen wippen,
Schwarzzweige zittern im Wind,
Plusterkugel lacht.

Buchfinken zwitschern,
wetzen verdutzt den Schnabel,
flattern uns davon.

Dompfaff, Rotbäuchlein,
Seelenvogel ruf nochmal,
zeig, dass du da bist.

Eichelhäher flieg,
trage die Erinnerung,
weit, herzhimmelwärts.

Fitislaubsänger
flötet zur Mittagsstunde,
Herzzwitscherflattern.

5. Höhenglück

Grünfinken flattern
Futter suchend im Schneeland,
frohe Gemeinschaft.

Des *Hähers* Lachen,
siebenmal springt`s im Zickzack,
das Wipfelhüpfspiel.

Baumauf-, baumabwärts,
das *Kleiber*glück kopfüber,
auf Rindenpfaden.

*Kolkraben*hupfel,
gieriger Pfützenspringer,
Schwarzglanzfederle.

Pfeiffelgreifwolkler,
Lustflügler, *Hupfelkrahe,*
Schlagschattenspieler.

6. Goldäuglein

*Raben*armeen,
unter dem Abendhimmel,
Quartiersuchende.

*Raben*abende
in der Spätherbsteinsamkeit.
Lichtroter Himmel.

Blausterne blauen,
Glanzflügler hüpfelkrächzen,
Zirbelzwitzer zieh´n.

Flirrende Hitze,
mit dem *Reiher* himmelwärts,
Sturmvogelsehnsucht.

7. Bergflockenblume

Schwarz*krähen*schwärme
tanzen überm grauen Rauch
tagmüder Wipfel.

Himmelserregung,
nervöses *Schwalben*geschwirr,
Wolkendrohgegroll.

Zwielicht vorm Regen,
*Schwalben*pirouettenschrei,
fern grollt der Donner.

Oben ist es still,
nur die *Schwalben*, schrill im Wind,
oben ist oben.

8. Vogelsymphonie

Taube im Tiefflug,
unterm Gewicht der Hitze
hindurchgemogelt.

Endlich wieder du,
Wasseramsel tanzt im Bach,
Weißbauchhüpflerin.

Die *Wasseramsel*
zeigt sich, wenn du ganz still bist
und nichts erwartest.

Mnemosyne,
Klangbildspur der *Zugvögel,*
Gedanken-Nachhall.

*S*pazieren

mit

*B*ibbernickeln

und

*F*edergeistchen

Im Fischbachtal

Frisch ergrünte Wegstrecken,
schneeblütig betupft von Weißdornhecken.
Vorsicht Bodenbrüter!
Das Wiesenbetreten ist streng verboten!
So maßregelt ein Warnschild die Wiesenlust.
Greti und Siggi nehmen Platz
auf einem Baumstammbänklein
am Bachsträndchen im Guggeluggertal.
Dort gibt es Kieselbrote zum Frühstück,
die wie gefüllte Speckschnecken schmecken
und an Kinderzeiten erinnern.
Am anderen Ufer trällert ein Zirrilinder,
fedfliegrig umadlert er
ein sonnenblaues Schwalbalbenfängerlein.
Und der Schnee schmilzt von allen Bergen der Welt,
auf denen Siggi je seine Skifahrerkünste
betrieben hat.
Das Schneeschmelzwasser strömt
an den Wanderschuhen vorbei
bis ins große Meer,
wo Kinder am Strand ihre Sandburgen schaufeln
und von den Wellen wieder niederreißen lassen.
Wo einst ein glückliches Kind
barfuß im Watt herumpatschte
und verlassene Muschelhäuser sammelte.
Hinten im Tälchen lockt lodernd rot
eine Mühle aus Backgestein.

Die Mühlenhexe lässt Siggis Gedanken
schnell mal den Meisterturm besteigen,
wovon es ihm richtig schwindlig wird,
weil die Geländer immerzu
„Spring doch runter!" rufen.

„Schnell", gurgelt der Bach, „schnell, jetzt nachhaus,
sonst wird euch die Hexe noch
in den Bratofen stecken!"

Greti und Siggi fischen sich eine Kleinbahn
aus dem Gelände
und sausen damit heim, in die große Stadt.

Den Wiesenhimmel lang
strömt in dünnen schwarzen Drähten,
von Nord nach Süd,
das elektrische Licht.
Wenn das nicht so wäre,
könnte man denken,
dass die Natur hier
seit ein paar hundert Jahren
nicht mehr auf die Uhr geschaut hat.

Brigitte Bee

Seelenkräuter und Kräuterseelen

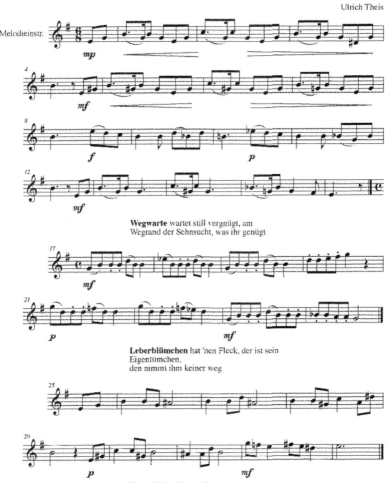

Wegwarte wartet still vergnügt, am
Wegrand der Sehnsucht, was ihr genügt

Leberblümchen hat 'nen Fleck, der ist sein
Eigentümchen,
den nimmt ihm keiner weg

Fingerhüte schützen Herzen, vor
Nadelstichen und vor Schmerzen

Siggi bei den Kelten

„Brrrr." Mitsubishi ruckelt über Graugrobschotter auf den letzten freien Glauberg-Parkplatz zu.

„Brrrrmmmchrch", stöhnt Mitsubishi. Er dampft aus allen Ritzen und ist dem Hitzschlag wieder mal gefährlich nah. „Was muss verdammt nochmal der Siegfried ausgerechnet heute zu den Kelten fahren?" Kreidekehlig schmeichelt Siegfried sich an Mitsubishi ran, „Komm, sei nicht so, das Schlimmste ist doch schon geschafft und jetzt wird´s richtig spannend." Mitsubishis „Phhhh," ist eine Art von Kommentar.

Doch Siegfrieds Forschergeist ist nicht zu bremsen. „Nur ein paar Schritte noch, dann sind wir bei den Kelten-Helden."-„Auch noch zu Scherzen aufgelegt", grollt ihn genervt der Mitsubishi an, „Du wirst schon sehn, was dir da blüht in diesen ollen Kelten-Welten."

Siegfried steht nun stumm, vertieft in seinen Polyglott und liest von Menschen mit sehr großen Ohren, die auf den Köpfen Hüte oder Blätterkränze trugen. Über das Leben dieser Großohrkelten sei an sich nicht allzu viel bekannt. Vermutlich waren sie des Schreibens noch nicht mächtig oder sie waren nicht erfüllt von dem Begehren, ihre Minnelieder in irgendwelche Hinkelsteine einzumeißeln.

Es scheint, dass sie sich auf Plateaus sehr kleiner Hügel darin übten, durch ungetrübten Weitblick die Kolossalität der Ferne zu ermessen. Rekonstruierte Gräber simulierter Keltenfürsten, sagt der Polyglott, verhülfen den Besuchern, sich vor Ort, ganz ohne Mühe, in die Welt der Kelten einzufinden. Von Auerochsen, welche sich bequemen könnten, arglose Neuzeit-Archäotouristen aufzuspießen, hätt man bis dato nichts vernommen.

„Lügenmaul", brummt Mitsubishi. Er weiß, dass Siegfried weiß, dass Mitsubishis Auerochsen nicht besonders mögen. Mitsubishi mag auch nicht dorthin auf das Plateau, er will viel lieber unter seinem Eichenbaum im Schatten schwitzen.

So steigt denn Siegfried ganz allein und frohen Muts hinan und ist sehr bald im glaubergischen Waldweg-Serpentin, vielleicht auf ewig und drei Tag verschwunden. Zwei Keltenbrötchen und die Thermoskanne Roibusch-Tee trägt er in seinem ganz und gar nicht keltenhaften Polyestersäcklein auf dem Rücken. „Nicht mal 'nen halben Liter frisches Wasser hat er hinterlassen", bemault der Mitsubishi sein karges Hitze-Gnadenbrot.

Siegfried Blauaug stapft zum Hochplateau hinauf, geradewegs hinein ins Blaublühwiesensalbeikraut, wo blaue Falter lüstern sich im prallen Sonnenglast entblättern. Schade, dass der gute Mitsubishi streikt, hier könnte man doch herrlich mal ein Picknick machen. Siegfried lässt sich nieder auf dem ersten dicken Hinkelstein, der ihm dort, wie gerufen, in die Quere kommt. Wie schön ist's doch auf 'nem Plateau!

Siegfried traut den Augen und den Ohren nicht. Wie da die Bibbernickel, Ziegenmelker und die Federgeistchen einen Tanz beginnen. Zickig stimmen Heupferdstaffeln an zum kurios-preziösen Sonnenscheingesang. Die Wiesen sirren wirre Weisen für ihren wiedergängerischen Kleinohrsohn des Großohr-Keltenfürsten.

Grilliarden Figevögel, Wolfsmilchschwärmer, Schmantelecker beschwirren Siegefried den Kelten-Helden.

Die Schachbrett-Schmetterlingsprinzessin, Siegfrieds einstmals auf ewig Unerhörte, versucht durch kunstvoll zelebrierte Schwalbenschwänzelei, sich den jahrtausendlang Geliebten heut schlussendlich zu erringen. Blondblauäugig widersteht der tapfre Siegefried. Er liebt es, einsam, unstet zwischen den Jahrtausenden zu wandern, und will beileib nicht irgendwann mal remittent auf irgendeinem Brette liegen.

Auch kommt er nicht umhin, des treuen Freundes Mitsubishi zu gedenken, der vermutlich, von Hibiskuswäldern träumend, brav ergeben, am Fuß des Berges seiner harrt. Der würde einen solchen Zeitsprung zweifellos nicht überstehen können.

Siegfried Nacktfuß lenkt mit großer Vorsicht seine Schritte rein ins elf-umschwirrte Rosenmalvgestrüpp.

Levkojenseufzer dringen leis verwehend aus dem Schattenwald, während sich Bibbernelle, Trollblum und die tolle Kirsche vor diesem Wiedergänger tief verneigen. Krautschwager Johann, der tagein tagaus am Wegesrand sein Herzeblut ergießt zum Wohle seiner Herzblattkehlchen, grüßt von der Distelfalterin Christine. „Kscht", ruft der Troll, und Siegfried reibt den Schlaf sich aus den Augen, der ihn auf seinem Hinkelsteine hat genarrt.

Siegfried zieht weiter, über sonnverbranntes Land, bemoosten Fels und lange schon verfallenes Gemäuer, hin zu dem Teich, wo unterm Wasserlinsenwald jahrtausendlang schon Nymphen wohnen. Weithin glitzert hier des Teiches kühles Nass und Siegfried lässt ins Gras sich fallen, um in des Wassers schwarzen Tiefen sich eine Nixe auszuschauen.

Doch Mutter Erde hat den Nixlein heut die Tür verschlossen, sie sorgt sich sehr, dass ihr die eine oder andre Tochter des Poseidon an Mitsubishi-Männer und Konsorten verlorengehen könnte.

Die Kelten grollen ihrem nachgebornen Sohne und werfen Blitze ins Gestrüpp, dass der sich bloß nicht mit 'ner Nixe dahinein verziehe. Schwarz türmen sich am blauen Himmel Wolkenberge auf und lassen düstre Donner rollen.

Nein, Siegfried will nicht Hut noch Keltenkrone tragen. Siegfried wäre lieber wieder unter Dach und Fach. Er lässt die Kelten ewig Kelten sein und lässt auch seine Nymphe vorerst hier zurück, denn mit dem Zorn der eifersüchtgen Schachbrettfalterin ist schließlich nicht zu spaßen. Davon, davon eilt Siegfried unterm bösen Blitzgewitter. Der Glauberg ist auf einmal nicht mehr ganz geheuer.

Da wird er seines Mitsubishi schon gewahr, der brummt so was wie: „Es wird Zeit." Und während Siegfried, traumverloren, das feuerrote Flankenblech berührt, ist auch die Neuzeit wieder bei ihm angekommen.

Wiesenschaumkraut träumt am Wegsaum
von der großen Wiesenwaschmaschine

Stockrose stocket starr vor Schock,
trifft sie einmal 'nen Rosenstock

Im Abendgrau denkt **Eisenhut**,
so blauungrau fühlt man sich gut

Löwenmäulchen schweigen weise
damit kein Löwenmaul sie beiße

Blaubeerwälder

Ausgeschnauft,
die stärkste Steigung wär geschafft.
Edgar abenteuert weiter sich hinan.
Greta muss jetzt erstmal sitzen
und sich des Waldes Grün ins Auge saugen.

Schafe stehn parat zur Linken.
Man könnte schon
auf diesem graden Wege bleiben.
Doch Edgar kann dem krummen Weg
ins urig Waldgewirr nicht widerstehn.

Schließlich geht's dann doch
gemeinsam himmelwärts,
mit Blick herab ins Tal der klitzekleinen
Spielzeughäuslein.

Mannshoch reckt sich hier
das lila Büschelgras.
Der Farn steht gut im Saft.
Zaunkönig zirpt von Busch zu Busch.
Was interessieren ihn die Untertanen.
Greta kann ihr Glück nicht fassen.
Hier eine Wünschelrute, da ein Zauberstab
und drüben ein Zyklopenauge.

Ein Eichelhäher-Federchen gibt es für den Hut,
und schließlich auch noch 'ne Alraune.
Beladen mit den wunderbaren Gaben der Natur,
spazieren Gret und Edgar für und für,
dort wo im dunklen Wald die Wölfe heulen
und am Wegrand prachtvoll pralle Pantherpilze
lauern.

Greta ists gar arg nach
frischgebacknem Blaubeerkuchen,
doch die Blaubeerwälder geben heut nichts her.
So strebt man weiter in das tiefe lange Tal,
wo sich ein Schöpfungsteich bestaunen lässt.
Daselbst umschwirrt die Pracht-Libelle
das tümpelige Wasserloch,
als wäre sie allein die Königin
der grade neu erstandnen Welt.
Nur Blaubeerkuchen wird man hier
vergeblich suchen.

Der **Ginster** sagt zum Besen:
Guck nicht so finster, ich bin's nicht
gewesen

Der **Weiderich**, der weidet sich
an frischem Blut drum schneid' er dich

Arnika aß Bittergras, weil sie der Blutvergieß
vergaß

Lichtnelke sehnt sich nach 'nem Schatten,
dass sie nicht welke

In die Pilze

Da stehst du nu, triefnass und Aug in Aug
mit einer triefendnassen Kuh.
Wenn's wenigstens noch Pfifferlinge gäb fürs
heut'ge Abendbrot.
Bei Oma hießen alle Kühe Lotte oder Hans,
doch diese hier heißt sicher Selma oder so.
Sie glotzt unglaublich unerotisch.
Am Parkplatz Luderbach äugt keck ein Kitzlein kurz
aus dem Gebüsch.
Man greife schnell zum alten Shell
zwecks Spurensucherei im Schilderwald.
Soll man nach Sterbfritz, Lieblos oder gar nach
Poppenhausen?
Los geht's! In die Wälder halt, wo's massenweise
Pilze gibt. Fürs Erste vorliebnehmen mit dem
Spessarträuberhinterland.
Aha, da ist ein Sonnenstrahl!
Hinein ins digitalsche Dickfarn-Sommerwiesenbett.
Zu Stinkelmorchel in Aspik und Fliegenbeinbaiser.
Im Freigelände meckert leis das Zitterkitzelgras.
Leute, esst mehr Hexeneier!
Da vorn, links ab zum Mischwaldparkplatz
und recht ordentlicher Ausblicks-Schneise.
Nun sind wir am Franzosenkopf und mittendrin im
Wald. Vielleicht wird uns das Glück ja gerade heut

den langersehnten Zuckerschnütling vor die Nase setzen.
Morcheln und Boviste stehn schon stramm im Moos. Die große Stinkelmorchel raunt was aus dem düstren Forst. „Oho du grüner Knollengiftling, du dreimal-gepfefferter Ziegenbart, du gallenbittrer Panterschwindling, du Rotkappen-Männlein, wo bist du bloß hin? Du Hexenröhrling, du Satansbratling, du zartwulstiger Ritterling, du dunkle Gier, zeig dich mir!"
Weit und breit nicht mal der kleinste Tintenschöpfling, kein Schinderhannes und kein Wildschwein steh´n bereit.
Der Rundweg rundet sich, so wie sich das gehört.
Wo bleibt denn nun das große Sammlerglück?
Kein Hexenei, kein Engelslorchelchen, nicht mal ein Steinpilz im Getann. Die Seele schmiegt sich an das Heidekraut. „Ach, wärst du doch hier, du Schnudelneckelchen, du Schnipselmäuschen, du Schleckebäckchen, du Schneckenpostelein, du schleimschirmiges Stöckelschwämmelchen."
Alles leere Versprechungen!
Ein kurzer Blick noch ins Gebüsch.
Nichts als leere Jägermeister. Lieblos ade!

Springkraut springt ins Kraut vor Glück, mal
Einen vor, mal Zwei zurück.

"Ich komme bald!" Dein **Baldrian**

*L*indenduftlieder

und

*B*lätter *W*indspiele

Apfelblütenglück,
rotbackige Schmatzknospen,
Duftlust-Paradies.

Birken im Schräglicht,
weiße Leucht-Staben zwischen
*Buchen*grau-Zeilen.

*Birken*kätzelein,
Hyazinthenduftgebell,
Forsythien zwitschern.

Blauglockenbaum blaut,
schaut, duftend flieht der Flieder,
Gold regnet nieder.

*Blauglocken*mäulchen,
doppelzüngige Blicklust,
Blauglockenhimmel.

Fliegenpilzsuppe
mit *Eiben*-Fruchtfleischpürree,
Aphrodites Traum.

Goldener *Gingko,*
Sommer und Liebe in Dir,
Geschwister-Seelen.

*Hainbuchen*allee,
geborgen sein im Schatten
tiefgrüner Liebe.

Kopf einziehn, Achtung:
„Grüne Igel von oben",
Kastanienprasseln.

Unter der *Linde,*
flüsterndes Windharfenspiel,
im Duftrausch träumen.

Tausendjährige Eiche

Tausend Jahre wachsen,
sich nicht von der Stelle bewegen,
wachsen, dem Himmel entgegen
nichts wollen, nur wachsen.

Tausend Jahre schweigen,
Morgentau trinken,
im Abendnebel versinken,
sich zur Erde neigen.

Träumen und schwingen,
nicht hören, nicht sehn,
mit den Winden singen.

Mit den Zeiten weh´n,
mit den Zeiten werden,
nur da sein, nur wachsen.

gewidmet den tausendjährigen Eichen von Lohrhaupten

*Linden*duftlieder,
glitzerndes Bachgeplätscher,
im Wogen vereint.

Ein Seelenmantel,
gewirkt aus Lärchenspitzen,
tröstende Wärme.

Magnolienblüten,
schneeweiße Blütenblätter,
Luftschifflein tanzen.

Herbst der *Platanen,*
ein letztes Lächeln im Wind
und du sagst Adieu.

Zitterblatt-*Pappeln,*
raschelndes Blätter-Windspiel,
zärtliches Rauschen.

Wortflechtenschriften,
harsche *Rindengesichter,*
Runengesichter.

Unterm *Urweltbaum*
so klein werden wie ein Kind,
in Angst und Ehrfurcht.

Zypresse am Teich,
Irrlichter auf der Rinde,
Wasser-Spiegel-Spiel.

von

*L*iebglückelchen

und

*G*instergespinstern

*Anemonen*gruß,
stummes Zittern am Wegrand,
die Sonne suchend.

Bergflockenblume,
Himmelstintenblauzupfel,
Zauswünschelbüschel.

Im Wiesengespinst,
die spitzblütige *Binse,*
so wissensgewiss.

Im Wiesengarten,
*Butterblumen*geflechte,
Goldschatteninseln.

Kleines Kindheitsglück.
Der Kuss der *Butterblume.*
Erinnerst du dich?

9. Silbergraswald

Die *Buschwindröschen*
erzittern vorm Nordlufthauch,
Lichtsterntalergruß.

Storchenschnabelzeit,
Disteln schon im Silberhaar,
Herbstnesselfieber.

*Engelsüß*schatten,
späte Tauperlen funkeln.
Mittagssonnenspiel.

Fleißige Lieschen,
schwatzhafte Rabattenzier,
Blütengezwirbel.

Forsythien glühen,
erster Zitronenfalter,
flatternde Blüte.

Gänseblümchens Traum,
Tanz im weißen Blätterkranz,
Liebes-Augen-Blick.

Die *Ginster*nestchen,
goldgelbe Liebglückelchen
im grasgrünen Hain.

Licht in den Zweigen,
sanfter Grünschatten-Atem,
*Ginster*gespinster.

Wiesenhorizont.
Die Blauklangwogen schwingen.
*Glockenblumen*flut.

Aus der Zeit fallen,
mitten in die Gedanken,
Glyzinien ranken.

10. Mit dem Bach fließen

Goldröschen adieu,
adieu du klares Bächlein,
adieu Zwitscherland.

*Gundermann*gestrüpp,
in der Löwenzahnwiese,
Schimmerblauschaukel.

Himmelsglöckelchen,
lautloses Blaugeläute,
Herzatemsanftmut.

Blütenhochzeitsweiß,
Dorn -*Hecken*schaumgebilde,
Herzlieblichtballons.

Abschied vom Sommer,
die erste *Herbstzeitlose,*
Botin des Wandels.

Wiesenwogenmeer,
geschmückt mit *Herbstzeitlosen*.
Blauflammenzungen.

Roter *Hibiskus*,
Herzblutkelche gefüllt mit
Purpursommerglut.

Birkenkätzelein,
*Hyazinthen*duftgebell,
Forsythienzwitschern.

*Kapuziner*fest,
würzkräftige Gelbknospen
aus dem Kresseteich.

Trägst ein Kleid aus Licht,
du zarte Hoffnungsblüte,
lässt die Nacht leuchten.

11. Sonnenfäden

Königin der Nacht,
einmal im Licht des Mondes
erblühend leben.

Lavendel duftet,
durchsonnter Glasharfenklang,
lila Klirr-Gewoge.

Im *Lilien*dickicht
zwiegestreifte Quelljungfern,
wirre Flirrflürgler.

Das Lied der *Lilie,*
aus sommergoldner Kehle
strömt ihr Duftgesang.

Pralldottergolden
reckt *Löwenzahn* seinen Kopf
aus dem Büschelgras.

*Lotosblumen*teich,
knospende Sumpfschlamm-Nymphen,
Wasserrosentanz.

Mädesüß lodert
am Sommerbach. Weißfackel,
heile meinen Schmerz.

In den *Maßliebchen*
spazieren und die Sonne
dringt in die Seele.

*Mohnblüten*püppchen
im Blütenhauchseidenkleid,
Kindheits-Zauberspiel.

Am Sonnentor blüht
sanft süßer *Oleander*,
Sommer-Ewigkeit.

12. Mädesüß

Päonia obscur,
süße Pfingstlustduftkugel,
Narkosa rosa.

Duftabend im *Phlox,*
süßeste Honigsüße,
staunende Augen.

Im *Phlox*-Gehege
springen blaue Duftpunkte
leise auf und ab.

Rittersporn reckt sich.
Der Lilienmund weitet sich
und Mittsommer naht.

Königin *Rose,*
duftseidene Tänzerin,
im Licht der Sehnsucht.

So prall die Knospe,
vor dem Moment der Geburt,
*Rosen*muttermund.

Blüh, *Süßmütterchen*,
schüchternes Dreifaltgrübchen,
Saughonigmündchen.

Die *Sumpfkratzdistel*,
purpurköpfige Schöne,
ein tückisches Biest.

Du, Belladonna,
schwarzblaue *Tollkirschen*glut,
im Traumschimmerblick.

Die *Trichterwinden*,
Lichtstrahlenfallen-Gestrüpp,
weiße Sonnsauger.

Schreib mir ein Brieflein,
schreib mit *Tintenlilien*blut,
Du, vergiss mein nicht.

Tinten-*Tulpen*traum,
samtene Melancholie,
im Trostschloßgarten.

Wiesenstorchenschnalb,
Liebreizelchen, Blauschnäpper,
Saftschmanzelstelze.

Schaut *Winterlinge,*
Krokus, Anemonen schaut,
Blühen ist Leben.

Dank an:

Michael Liebusch (Herausgeber, Lektorat, Grafik,
Covergestaltung), Brigitte Löffler (Bilder),
Ulrich Theis (Kompositionen), Kerstin Marklofsky,
Gaby Werner und René Brühl (Korrekturlesung).

Inhalt

Vorwort

1. Spazieren im Mohnhonigtau

Flügelwarm
Am Weltenrand
Bee/Theis „Weltengesang" 1 und 2
Farnwiesental
Grünes Herz
Am Wegrand
Kokolores von der Gockel-Glocke
Wegschlingen
Schmetterlingstal
Überm Auerbach
Bee/Theis „Bachglitzerschweben"
Fernweiß der Wünsche
Herzkirschenpirsch
Mimulus versteht das Wetter nicht
Im Traumgebiet
Mohnhonigtau
Sumpfdunkelgrund
Schlingpflanzendickicht
Buntsteinblüten
Zitterblattgewitter

Wolkenzackensaum
Rosen-Abendglut
Windstille am Abend
Wiesenweg
Bee/Theis „Kraftort"
Eisenhut-Blau
Blätterrauschen

2. Ungereim im Gebüschbel

Liliengierfallen
Gunkel
Windkralle
Ürgelbüsch
Aussichten
Freiflatterschrei
Hahnenkrei
Bee/Theis „Zitronenfalter"
Leonidengeläu
Nachtigallen auf Mondfang
Wetteratur

Luftgespinste
Hähergehege
Im Höhenfieber
Bee/Theis „Fesselballon"
Tal der langen Schatten
Schwatzbrünnlein
Im Abendsegen
Schlaflied

3. Zirbelzwitzer und Seelenvögel

5 Haikus Die Regenamsel ...
Bee/Theis „Zirpzwitscherland"
5 Haikus Blaumeisen...
Bee/Theis „Höhenglück"
5 Haikus Grünfinken....
Bee/Theis „Goldäuglein"
5 Haikus Rabenarmeen...
Bee/Theis „Bergflockenblume"
5 Haikus Schwarzkrähen....
Bee/Theis „Vogelsymphonie"
4 Haikus Taube...

4. Spazieren mit Bibbernickeln und Federgeistchen

Im Fischbachtal
Bee/Theis „Seelenkräuter 1"
Siggi bei den Kelten
Bee/Theis „Seelenkräuter 2"
Blaubeerwälder
Bee/Theis „Seelenkräuter 3"
In die Pilze
Bee/Theis „Seelenkräuter 4"

5. Lindenduftlieder und Bätterwindspiele

10 Haikus Apfelblüten...
Bee/Theis „Eiche 1 und 2"
7 Haikus Lindenduftlieder...

6. Von Liebglückelchen und Ginstergespinstern

5 Haikus Anemonengruß...
Bee/Theis „Silbergraswald"
10 Haikus Buschwindröschen...
Bee/Theis „Mit dem Bach fließen"
10 Haikus Goldröschen...
Bee/Theis „Sonnenfäden"
10 Haikus Königin der Nacht...
Bee/Theis „Mädesüß"
14 Haikus Päonia obscur...

Michael Liebusch, Schriftsteller und Maler, lebt in Frankfurt am Main, Herausgeber der Bücher von Brigitte Bee seit 2020, mit ihr zusammen Stimmenarchiv des Frankfurter Literaturtelefons. Seit 1989 Ausstellungen, Lesungen von Künstlern im von ihm gegründeten Kunstraum Liebusch. Kunst & Garten Frankfurt am Main. Künstlerkataloge und Kataloge zu Ausstellungen. Künstlerbücher in Kleinauflage. Bücher: Bewegungsversuche (2008, mit Christian Bedor), Der fabelhafte Hub (2009), Die Hauptstadt von Island (2011), Ütopie (2013), Jede Menge Zeit (2017), Meine Interzone (2020), Eiscafé Cortina - immer prima (2023).

Brigitte Löffler, Künstlerin aus Bad Orb, illustrierte 2007 das Buch „Appetit auf Natur" des Kräuterdoktors Eberhardt Glänzer.
Ausstellungsbeteiligungen in Bad Orb, „Haus des Gastes" und bei „Kunstraum-Liebusch" , Frankfurt/M: „Nach der Morgenröte" und „Bahnhof-Babylon", dazu im Katalog „Bahnhof Babylon".
Schülerin von Johannes Tittel, Simone Nuss und Gennady Gorbaty in Bad Orb.
Katalog: „Brigitte Löffler", Hg. Gennady Gorbaty, Bad Orb 2021.

Ulrich Theis, (*1966) studierte als Stipendiat des Deutschen Richard-Wagner-Verbands in Frankfurt an der Hochschule für Musik und Darstellende Kunst und an Dr. Hoch's Konservatorium u. a. bei Professor Richard Rudolf Klein.
Er ist Preisträger verschiedener Wettbewerbe, z. B. beim Kammermusikwettbewerb "Espoir 110" (1995) und beim Sonor-Orff Kompositionswettbewerb (2011).
Er lebt als freischaffender Musiker und Komponist in Frankfurt/M.
Seine Kompositionen zu den Gedichten von Brigitte Bee wurden von ihm und der Sängerin Iris Schwarzenhölzer aufgeführt bei Bee-Lesungen im Nebbienschen Gartenhaus Frankfurt/M, in der Zigarrenfabrik Rothenfels, in der Klosterpresse Frankfurt/M und im Rahmen des Hessischen Kultursommers 2009. in der Martin-Luther-Kirche in Bad Orb.

Foto: Nina Heinrich

Brigitte Bee

geb.1953 in Langenselbold.
Ab 1972 in Frankfurt/Main. Lehrerin, Diplompädagogin, freie Autorin und Dozentin für kreatives Schreiben.
Seit 2012 lebt sie in Bad Orb.
Ab 1980 veröffentlicht sie Lyrik und Prosa in Zeitschriften und Anthologien in Deutschland, Österreich und der Schweiz. Ihre Werke erscheinen in Büchern, Hörfunk, Videos, Poesie-Performances und Musiktheater.

Poesie-Videos
-eine Auswahl-

Brigitte Bee / Wolfgang Klee *„Ich war einmal am Meer",* Gedichte von Brigitte Bee, Lesung: Bee / Klee, Film: Bernhard Bauser (Youtube, bauseryou)
Brigitte Bee *„Strömende Stille der Landschaft",* Naturlyrik von Brigitte Bee, Poesiefilm von Bernhardt Bauser 2018 (Youtube, bauseryou).

Bücher von Brigitte Bee
-eine Auswahl ab 2013-

Brigitte Bee *„Wirbelndes Sprechwerk – Wörtersonnen",* Araki Verlag, Leipzig 2013, ISBN 978-3-941848-15-3.
„In diesem Buch eröffnet sich ein Sprachkosmos von geheimnisvollen phantastisch-physikalisch-spirituellen Phänomenen. In der Beziehung zwischen Mensch und Natur spricht alles in einer je eigenen zugeschaffenen Ausdrucksweise. Es entstehen Sprachlust-Denk-Abenteuer, syntaktische Sinn-Musik... Sinndichte auch im Leichtsinn im Zwiegespräch mit der Sprachlosigkeit." (Zitat aus: „eXperimenta" 1.9.2013, Prof. Johannes Heinrichs), Spaziergänge in Seelen- und Wortlandschaften. Ein Welten-Gesang von Klangblumen, Gedankenschnee, Ligustergeflüster, Lichtimitaten und Traumterrassen.

Brigitte Bee / Hilde Heyduck-Huth *„Der Kurpark Bad Orb – Ein Loblied",* im Cocon Verlag, Hanau 2016, ISBN 978-3-86314-332-9.
„Die beiden Autorinnen Brigitte Bee und Hilde Heyduck-Huth haben lyrisch und poetisch sowie in Bildern ihre Leser zu einem geruhsamen Spaziergang eingeladen, den sie als Loblied mit ihrem Buch „Der Kurpark Bad Orb" komponiert haben... Im poetischen Teil ihres Buches haben

die Autorinnen die Jahreszeiten in Gedichten im japanischen Versmaß „Haiku" verfasst... Auffallend waren die pointierten und verdichteten Gedanken sowie wunderbare Wortspiele... Das Publikum war begeistert davon, wie es den beiden Künstlerinnen gelungen war, die Natur und ihre Jahreszeiten in Worten nachzuzeichnen." (GNZ 28.9.2016)

Brigitte Bee *„Nahseinsfeuer",* Gedichte mit einem Vorwort von Michael Liebusch und einem Nachwort von Bernhard Bauser. Araki Verlag, Leipzig, 2017
ISBN 978-3-936149-26-5.
„Dieser Gedichtzyklus umreißt das Gefahrengebiet der zärtlichen, leidenschaftlichen, einsamen, sehnsüchtigen, zerstörerischen und nur in seltenen Glücksmomenten erfüllten Liebe." (Bernhard Bauser) Manchmal droht die Sehnsucht nach Nähe, die Intensität und Glut des Liebens sich im Nahseinsfeuer selbst zu verfeuern. Es tritt ein „Aspekt der unrettbaren Fremdheit nach einer zerbrochenen Liebe hinzu, der Unwiederbringlichkeit der einstigen Nähe"... „Im Licht der Liebe" löst sich der Mensch aus seiner Gebundenheit. „Hier ist erfahrbar, wie sich die Seele ohne Arg und Groll dem Würgegriff der Leidenschaften entzogen hat und Naturmotive in die Liebeserfahrung Einzug halten." (Bernhard Bauser)
„Brigitte Bee setzt die Phasen der Liebe lyrisch um als individuell universelles Phänomen, verschlüsselt und entschlüsselt zugleich die Mechanismen, die Metamorphose von Gefühls- und Seinszuständen. Das liebende Individuum empfindet den Prozess des Liebens als einzigartig und wunderbar und sich selbst im Höhenflug der Wesentlichkeit." (Michael Liebusch)

Brigitte Bee „*Von Querköpfen und Taugenichtsen*", Geschichten aus dem Frankfurt der 80er Jahre, Hrsg.: Kunstraum Liebusch, BoD, 2020 , ISBN 978-3-752627-56-5.

„Wenn wir Brigitte Bee's Miniaturen auf uns wirken lassen, kriegt das Vermissen die Oberhand. Denn sie offenbaren eine Echtheit durchlittenen Lebens, von dem in der späteren, gepflegten Hochglanzmetropole nicht mehr viel übrig ist. Die Texte schaffe eine dichte Atmosphäre und führen tief in die Seele der 1980er Jahre und ins dunkle Herz der Stadt Frankfurt, als sie noch ein Moloch war." (Rezension von Susanne Konrad FFM 2020) Hier wird den Sonderlingen, Anarchisten, Stadtstreichern, Hochstaplern, Süchtigen, Liebeskranken, Kriminellen, Eigenbrötlern, Lebenskünstlern und Phantasten ihr Sonder-Slang abgelauscht und verdichtet zu exzessiven Schicksals-Stories.

Brigitte Bee „*Lisbeth lässt sich nicht unterkriegen*", Geschichten über das Altwerden, Hrsg.: Kunstraum Liebusch, Frankfurt 2020, BoD
ISBN 978-3-752661-96-5.
Der Wille, sich nicht unterzukriegen zu lassen, ist der Grundton der kleinen Geschichten, die das Erleben des Alt- und Krankwerdens in verschiedensten Alltagssituationen auf manchmal humorvolle, manchmal traurige und schmerzhafte Weise nachvollziehbar, ja spürbar machen. „Für ihren Eigensinn, ihren Humor und ihre

Widerständigkeit, lieben wir die Protagonistin, denn sie macht uns auch im Ausweglosen immer wieder Mut." (Kerstin Marklofsky, AnimaLeser*) „Brigitte Bee, die in Bad Orb lebende Lyrikerin, hat aus Besuchen und Telefonaten mit ihrer alten Tante Lisbeth kleine blitzlichtartige Geschichten geschrieben. Ein wärmender Blick in den Alltag einer hochaltrigen Frau..." (S. Berwanger, Familien- und Beratungszentrum Marburg, 2020)

Brigitte Bee „*Azur bring Helle*", Lyrik und Namensanagramme, Hrsg.: Kunstraum Liebusch, Frankfurt/M 2021, BoD, ISBN 978-3-75430-410-5.
„Brigitte Bee ist eine Meisterin der Wortakrobatik, die in ihrem neuen Buch mit dem Titel „Azur bring Helle" ihre Wortkreationen weitergeführt hat... Der Lesende findet sich in einer lustvoll kuriosen poetischen Sprachlandschaft wieder, in der mit Buchstaben- und Wortspielereien geheimnisvolle Anagramme eine Welt ungeahnter Bedeutungen eröffnen. Das Material sind Buchstaben, deren Zusammenspiel in Klang und Rhythmus strukturierter Wortgebilde neuen Sinn erzeugen. „Azur bring Helle" ist eine Hommage an den „Zauberlehrling" – in anderer Buchstabenkomposition. In einer Welt der Passwörter, deren Kenntnis Macht bedeuten, sind die Namen in diesem Buch das Tor zur Fantasie und Poesie, so beschreibt es die Autorin. Der Spaß liegt darin, Buchstaben durcheinander zu wirbeln... und sie neu zusammenzusetzen zu Worten mit Sinn, Hintersinn oder auch nur Klang. Es sind allerdings mehr als nur gerüttelte Buchstaben. Die lyrisch musikalische Struktur präsentiert sich, wenn der Leser die neuen Konstrukte laut ausspricht..." (GNZ 7.2.22 „Ein unterhaltsames Pflaster in der Pandemie", v. Nina Urrutia)

Brigitte Bee „WortSchattenGeflüster", Geschichten und Gedichte, Hg. Kunstraum-Liebusch Frankfurt/M 2022, BoD, ISBN 978-3-75622-384-8.

Eine Zeit-Reise durch das Alltags-Leben mehrerer Familien-Generationen. Die Gärten, Scheunen, Stallungen und das Bauernhaus der Großeltern sind den Kindern Nahrung für ihre Phantasie und Orte kleiner Abenteuer.

Beim Stöbern in Kisten und Schränken auf dem Dachboden des Elternhauses finden sich Dinge, Briefe, Akten, Fotografien, die von Leid und Not zeugen und von den Schatten, die Inflation, Arbeitslosigkeit und zwei Weltkriege hinterlassen haben.

Das WortSchattenGeflüster spricht von der Macht der Wörter, von der Sprache der Dinge, vom Ungesagten und Unsagbaren. „Bee führt, mit unterschiedlichen Arten des poetischen Erzählens, die Übergänge von Vergangenheit zur Gegenwart zu einem atmosphärisch dichten Sprachbild zusammen.

Da, wo die Sprache an die Grenzen ihrer Möglichkeiten stößt, setzt die Autorin dem Schweigen ihre Worterfindungen als Gedankenboten entgegen." (GNZ 13. Juli 2022, „Neues Werk von Brigitte Bee erschienen" v. Elsbeth Ziegler)

Das MutterHausWort hat ein Sehnsuchts-Alphabet. Dort gibt es Sonnenwörter, Herzwörter und Wörtersterne. Doch das Alphabet kennt auch die zerstörerischen Kräfte, den Trugzungen-Sumpf, Wort-Attentate, Wortwürgeschlingen, Tränenwörter und Wörtergift.

Poetische Mysterien, flackernde Wortklang-Lebenslust prallen auf grau-schwarze Schrecken der zu Staub gewordenen Geschichte. Lyrik und Prosa verweben sich zu einem Gesang der Suche nach den Geheimnissen von Wörtern und Dingen.